# MENTALITY OF AN ADULT

SHAH FAISAL

# Contents

# Acknowledgements

I am thankful to my parents, family members, friends and Especially my dear loving sister Dijaa, who encourage me to pursue my writing goal to the best of my abilities. They are alwyas there whenever I need them.

I am indebted to the publishers who made my dream of publishing a book of poetry come true.

Finally, I am grateful to my guide, friend and guru, Sahil Sharifdin English who asked me first to start writing quotes, articles, poetry etc and who reads and edits my all write-ups whenever he is swamped with his work. He is an inspiration indeed, for me as well as for thousands others.

# About The Book

This is a collection of poetry by me, Shah Faisal. I have been writing poetry on various current topics since years. My purpose is to teach others what I learn by my personal observation and insight. I believe that sharing knowledge with others multiplies one's knowledge. Hope you will be benefited by my quotes.

Wish You a happy reading!

# ONE
# WHAT IS REAL LOVE?

The Supreme State With No Infections
Existence of Happiness in Entire Actions

When You Look at your Soul
Looking Myself That Is Sole

A Mirror That Reflects No Error
Fall In, Bruise With Terror

When You Absolutely Still
The Supreme State That Kill

Lost In The Sea Of Black Eyes
Lost In The Moment And The Time Ties

Fascination, Attraction is The State Of Temperance
Ally, Combination And Everlasting Is The State of Permanence

# TWO

## GREER OF THE GLANCE

Mini Trice of Disconnectivty
Yowl And Tears in continuity

Love or Love Above Love
Profound, Noble or love Above Love

Call it Gift of God
Or Deserving what we are

Unconditional for mini meets
Evidence Of Soulmates

Respect, Care And Closeness
As mothers unselfishness,kindness and Closeness

Happiness or Sadness
Souls have Closeness

One soul one tract

## Thoughts Flow And Follow Back To Back

Lust and kindness
Trust And Love Like blindness .

# THREE
## LIFE OF YOUNGSTERS

Destroying your life for little Satisfaction
Living a life of frustration .

You are not bad, but very sad
Look at your Mom, look at your dad .

You are watching videos of motivation
But Success needs self motivation .

When you are Alone, you cry
But you are gone when it is the Time to Try .

You can't differentiate who is friend, who is foe
Because without addiction, you say Everyone Go Go .

It's not too late
Success is at your gate .

Make your life better

Before future become bitter .

Set a goal to quit and Take a long breath.
Before life quit with the last breath .

# FOUR
## KASHMIR 2.0

Voices are being Suppressed
Kashmiri people are Totally Depressed.

No Money, No Revenge, NOT a Car,
But Wants dead body of his Single Star

Armed killing is Terrorism
Innocent killing is Anarchism

Encounters Fake on Fake
The oppressor is being given a celebration cake

#This is KASHMIR!

# FIVE

# A Long Walk To Freedom (Bleeding Kashmir )

A long walk to freedom we hoped for
A life of independence we riodated for

The kashmir was liked by all
Destroyed the soul of humanity at all

The man of love and humanity
The period of hunger and poverty

The rights were snatched the captions
Who wanted to rule the valley ,surrounded by mountains

Pallet ,the weapon of killing animals
Was used to kill innocent kashmiri people

# MENTALITY OF AN ADULT

We riodated our voices for freedom
They throwed bullets by getting it sitcom

Mothers who lost their dearest
Children who lost their parents
No body knows the pain of those
Who suffered these days for thou

Godi media throughs petrol on fire
Raveesh kumaar to wipe our tear

Animals are Protected ,Humans are Exhausted
Honests are suspended ,Humanity is suspected

Everyday we lost our brothers we lost our property
Everyday they called, this is our Sanskriti

Pure indian say "Hindu Muslim bhai bhai"
Queer indian say "gaay gaay gaay gaay"

We want justice we want peace
Not our childs body Piece

# SIX

# جوانی

بچپن تھا گذار گیا گناہوں میں نادانی سے
جوانی ہیں گزر رہی گناہوں میں شیطانی سے

کچھ پھنس گئے نادانی سے نفس میں شیطانی سے
کچھ تب ہوئے نفس سے اور کہا افسوس شیطانی سے

زنجیروں میں تھا جب اصلی شیطان
تو نظر آیا اپنا اصلی نفسی شیطان

میں تو قلم تھا ٹوٹ ہی گیا
اس نفس کے سمندر میں ڈوب ہی گیا

شکوہ نہیں کسی سے ،بس ہیں اپنی دعاؤں سے
-جو نہ ہوئی قبول، اپنی ختاعوں سے

# SEVEN

## یہی ہیں کشمیر

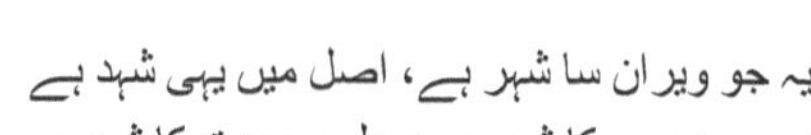

یہ جو ویران سا شہر ہے، اصل میں یہی شہد ہے
یہ جو پیروں کا شہر ہیں، علم و محبت کا شہر ہے

کچھ کہتے ہیں جنت کا باغ ہے
کچھ کہتے ہیں ہمارا سر و تاج ہے

عاشقوں کی نظر یہاں بھی "م" ہیں
کہتے ہے ادا حصا ہمارا شمیم ہیں

تیری وادی میری وادی، مانگتے ہیں سب آزادی
پینسے نشے کے ہیں سب عادی، مانگتے ہیں سب آزادی

خوبصورتی کے الفاظ نہیں
امن کا یہاں آغاز نہیں

خوبصورتی انسانوں کی یہاں
جانداروں کی خدمت کہاں

چمکتے ڈمگتے چہرے، ہے زخم دل کے گہرے
ڈوبے جن کے تارے، ہے زخم دل کے گہرے

تھی یہ ولیوں کی ریاست یہاں
لیکن اب ہے گندی سیاست یہاں

تعلیم و قلم علم و ادب، پیروں کا سکھایا ہوا ادب
دولت شہرت وہاں ادب، فقیر بے چارہ بے ادب

جوانی کا ہے جوش، باپ کو کہاں ہے ہوش
دیکھا گندی نالی میں بے ہوش، جوان زرا کر اب ہوش

جوانوں کی ہمایت کر، خود کو تبدیل کر
سارے نگر کی حکومت کر، کشمیر کو تبدیل کر

بچے یہاں کھیل کو دوڑے، باقی سب کو چھوڑے
ترکی و اتحاد کو دوڑے، باقی لڑائی و حسد کو چھوڑے

فیصل کا ہے صرف ایک ہی نارا
جانداروں کی خدمت ہے حق ہمارا

# EIGHT

# ایمان

بس سجدہ کر اس خالق کائنات کو
تعظیم و اطاعت و محبت کر اس کے محبوب ﷺ کائنات کو

ایمان ہیں محبتیں رسول اکرم ﷺ
مکمل ہیں اصحاب و آلے رسول اکرم ﷺ

چار یار ابوبکر ،عمر، عثمان و شیرے خدا (رضی اللہ تعالی عنہم )
راہ مستقیم، راہنمائی و تعلیم ولی خدا

عقل اور بدن سے خدمت کر خلق کی
پوری انسانیت کی اور سارے جانداروں کی

# NINE

## ! پشتانا کیوں پڑے

عجیب سا سفر ہے، زندگی کا سفر یہ
کچھ دوندتے رہے راستے، کچھ کرتے بنے فاصلے

چھوپا لیا 'تن' کو سونے کے پوشاک سے
رہا 'من' خالی محبت کی نگاہ سے

رکھا غیر سے کام، لوٹائی زندگی کاغذ کے دام
نفرت،آنا کے نام، ہوئی زندگی میں پہلے ہی شام

نظر جب آئی آخری منزل، اندھیرا تھا بینائی نہ مگر
نہ خالق نہ مخلوق راضی، کھلی جب آنکھ زندہ تھا مگر

کٹ گئی زندگی گناہوں میں تیری
مانگھ 'ہو' سے معافی، پتا ہے اسے نادانی تھی تیری-

# TEN

## ! میں ادھورا

دولت، دوستی، شہورت میں ادھورا
تن من کی شہوت میں کہاں ہوں ادھورا

اخلاصی، اخلاقی عابد بھی ادھورا
کاغذی عالم، قاضی میں ادھورا

مخلوق کی محبت میں، خالق سے عشق ادھورا
خوب سجدے کیے، خوب ماتھا گسا پھر بھی ایمان ادھورا

گزار دی جوانی پرورش میں میری، اب کہہ رہا بوڑھی ماں ہے ادھوری
خون سے لپٹے ہاتھ، پھر بھی بابا محنت کی ہے ادھوری

خودی میں خود کو دیکھ کر، نہیں تھا ادھورا
اوروں کے آئینہ سے دیکھا تو تھا ادھورا ہی ادھورا

روز نیا وعدہ، روز وہی دور
اب مچا دیا ہے اندر ہی شور

بس ہو جا رخصت ابھی کہاں ہوا اندیر
وہاں ہے دیر مگر نہیں اندیر

# ELEVEN

## عشق ؟

محبت کی انتہا، کمال و مقام ہے عشق
محبوب کے نام سے سکون قلب ہے عشق

عبادت و ریاضت بھی بوجھ اگر نہ ہو عشق
خالی کلمہ زبانی، ایمان بھی بوجھ اگر نہ ہو عشق

اطاعت خدا و رسول اللہ ﷺ ہی ہے عشق
سجدہ پروردگار، نعت سرکار ﷺ ہی ہے عشق

تعلیم سے شریعت، عمل سے طریقت
ملتی ہے معرفت، عشق سے حقیقت
غم ،درد ،آنسوؤں کی انتہا نہ ہیں کمال عشق
بے خیالی، بے پرواہ ظاہری ہے مقام عشق

نظر نہ آئے گا کچھ علاوہ معشوق کے
روش ہوگیے اگر شعلہ عشق کے

نفسانیت و عقل کی فنائ بھی ہے عشق
خلوت و جلوت میں یاد معشوق بھی ہے عشق

# TWELVE

## STOP KILLING__
## START GROWING

No matter where you are
No matter how you are

This is not the termination of life
Bother, pain the part of life

I know this is Hard but just hang in there is like war
Use this pain,don't be ashamed, it will take you so far.

Leave the pain behind as your are blind
Begin your efforts to find, attend To yourself with kind

Let it go ,start to grow
Revenge is Success Let me show

# THIRTEEN

## محبت کی انتہا، کمال و مقام ہے عشق

محبت کی انتہا، کمال و مقام ہے عشق
محبوب کے نام سے سکون قلب ہے عشق

عبادت و ریاضت بھی بوجھ اگر نہ ہو عشق
خالی کلمہ زبانی، ایمان بھی بوجھ اگر نہ ہو عشق

اطاعت خدا و رسول اللہ ﷺ ہی ہے عشق
سجدہ پروردگار، نعت سرکار ﷺ ہی ہے عشق

تعلیم سے شریعت، عمل سے طریقت
ملتی ہے معرفت، عشق سے حقیقت

غم ،درد ،آنسوؤں کی انتہا نہ ہیں کمال عشق
بے خیالی، بے پرواہ ظاہری ہے مقام عشق

نظر نہ آئے گا کچھ علاوہ معشوق کے
روش ہوگیے اگر شعلہ عشق کے

نفسانیت و عقل کی فنائ بھی ہے عشق
خلوت و جلوت میں یاد معشوق بھی ہے عشق

ہمیشہ وہی کیا کرو جو سہی ہو ایمان کے لئیے,خود کے لئیے اور رشتوں کے
لئیے.

❥❥❥

انسان عقل کی تخلیق نہیں بس عشق کی تخلیق ہیں۔

❥❥❥

اکثر انسان کی عقل اور آنکھیں تبھی کھلتی ہے جب وہ تکلیف میں ہوتا ہے۔

❥❥❥

انسان کی ضرورتیں مکمل کی جاسکتی ہیں لیکن خواہشات نہیں،اسلئے ضرورت
کے حساب سے جینا سیکھو خواہشات کے مطابق نہیں۔

❥❥❥

قرب الہی سے کوئی واسطہ نہیں
چلے آج فرقہ کہنے وہ بھی نہیں یہ بھی نہیں

❥❥❥

زندگی میں نا ذلت اور قلت بھی آتی ہے لیکن کبھی ہار نہیں مانا بس صحیح راہ
پر چلتے رہنا۔

# FOURTEEN

## عشق حقیقی کیا ہے؟

* اِنتہائی شدت اور سچے دل سے بھرپُور عِشق جو اِنسان صِرف اپنے اللہ سے کرتا ہے حقیقت میں وہی عشقِ حقیقی کہلاتا ہے. جب اللہ سے دِل لگاتا ہے تو کامیابی کو ہی خود کی مَنزل پاتا ہے۔

* جب کوئی شخص محبوب کی ذات اور صفات کی تعریف کرتا ہے یا محبوب کی محبت میں فنا ہو جاتا ہے تو پھر اُس شخص سے بھی محبت اور عقیدت ہوجاتی ہیں۔

# FIFTEEN

## عشق مجازی کیا ہے ؟

* ایک عاشِق اپنے محبوب سے بے پناہ محبت کرتا ہے۔

* یہ ایک حقیقت ہے کہ ایک عاشِق جب محبت کر بیٹھتا ہے تو وہ دُنیا کی رنگینیوں میں کھو کر صِرف اپنے محبوب کو ہی اپنا سب کُچھ مان لیتا ہے.

*جب کوئی شخص محبوب کی بات کریں اور حُسن ،خوبصورتی وجمال کی تعریف کریں تو عاشِق کو اس انسان پر غصہ اور نفرت پیدا ہوتی ہیں۔

# ہر ایک انسان زمادار ہیں ؟

پ جو کچھ بھی کرنے والے ہو اس سے اس دنیا پہ بھی اثر پڑتا ہے بُرائی سے
برا اثر اور اچھائی سے اچھا ۔

# SIXTEEN
# THE PARENTS
# THE MENTOR

Heaven Is At The Mother's Feet.
Sweetness Ouses When Kissing The Mother's Feet.

The Man Who Raised You When Life Was A Struggle.
The Selfless Man Who Taught You How To Live And deal
With Muddle

Remember Your Mother's Cries, Screams, And Pains;
Your Father's Trouble, Laborious And Shabby Hands.

I'm Engaged In The Service Of First Teacher And Mentor.
Thank To Have The Shade And Glory Of This Tree Oh! The
Creator

The Father Is The Ladder Of Sucess That Leads To The Top.
The Mother Is The Defender That Defeats Failure And
Fights For.

# SEVENTEEN

اُس کی باتیں، اُس کی نصیحتیں یاد ہے مجھے
کہا ہیں صبر رکھ ملینگے یاد ہے مجھے

بچپن گزرا تب بھی تھی بہت دوری
ملینگے ہم جب ہوگی نہ کوئی دوری

جب تھاما تھا ہاتھ میرا یاد ہے مجھے
جب تھا بے چین، بے مقصد یاد ہے مجھے

اندھیرے میں لپٹا تھا یاد ہے مجھے
روش کیا اپنی جلک سے یاد ہے مجھے

فاصلیں ہے منزل کی تلاش میں یاد ہے مجھے
تھام کے ایک دوسرے کا ہاتھ پالیں گے وہ مقام یاد ہے مجھے

محنت، مشکت ہے اس سفید پوشاک کے جانب
بنا لیا اِسے مقصد صرف تمہارے ہی جانب